1ª Edição

*Filosofia
em migalhas*

§

FILOSOFIA EM MIGALHAS

§

"Uma mãe é imparcial com o filho?
A Mãe e o Pai são os primeiros códigos acerca de justiça?
O que a parcialidade das sogras revela sobre justiça?
Irmãos mais velhos, irmãos mais novos, irmãos intermediários, filhos únicos, órfãos, como estas características de nascimento e condição no mundo podem influenciar o ser humano no próprio entendimento acerca do que é justiça?
Um juiz com fome está sereno?
Preferes um juiz ateu ou um juiz religioso?
É sábio seguir sempre a maioria?
É sábio seguir sempre a minoria?"

Rafael De Conti

*Direitos autorais reservados para
Rafael Augusto De Conti[1]*

Filosofia em migalhas
*Primeira Edição[2], 2023
Textos originários do livro Filosofia 2, 3ª Ed. (2020)*

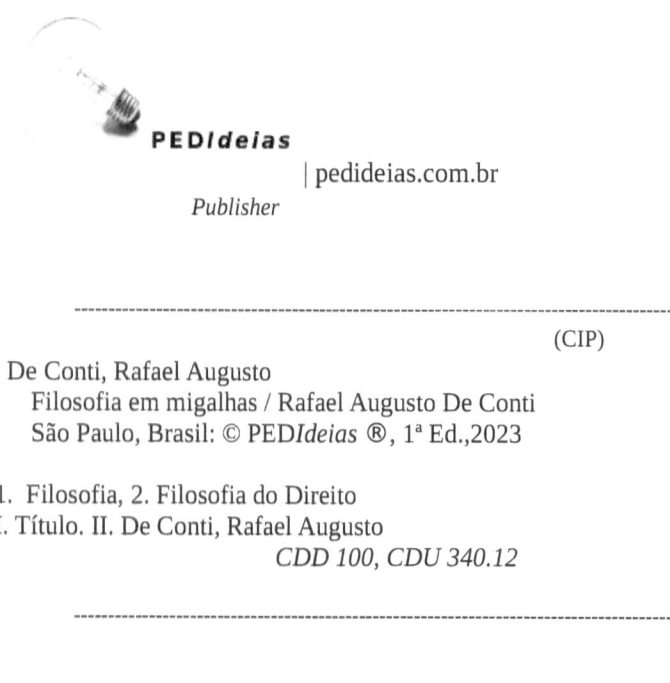

PED*Ideias* | pedideias.com.br
Publisher

(CIP)

De Conti, Rafael Augusto
   Filosofia em migalhas / Rafael Augusto De Conti
   São Paulo, Brasil: © PED*Ideias* ®, 1ª Ed.,2023

1. Filosofia, 2. Filosofia do Direito
I. Título. II. De Conti, Rafael Augusto
               CDD 100, CDU 340.12

Imagens[3] | Impressão[4]

      ***Mais livros?*[5]** <u>business.art.br/livros</u>

Índice

A Arte de Questionar (para melhor entender elementos de justiça)............... p. 8

A revolução da toga........................ p. 11

A revolução dos entes federados........... p. 16

Tempo e justiça............................. p. 19

Ensaio acerca dos fundamentos da defesa do infrator da norma penal.................. p. 20

A mentira, a prova, o litígio e a justiça..... p. 32

Divagações acerca do dever-ser do júri & Elementos de Retórica...................... p. 35

A pureza das crianças........................ p. 44

Sexo e julgamento........................... p. 47

Drugs....................................... p. 53

E se a doação de órgãos fosse obrigatória após a morte?.................................... p. 55

Privacy and Power. We are being controlled…………………………………... p. 59

O julgamento……………………………. p. 63

Sabedoria em latim……………………... p. 67

Direito: quid est?………………………... p. 73

O reconhecimento, pelo sistema jurídico interno dos Estados, de normas de Direitos Humanos positivadas em âmbito internacional…………………….. p. 77

As conexões entre capitalismo, consumo de massa e regime totalitário……………. p. 80

Comunismo existe? Socialismo e totalitarismo………………………………... p. 83

Guerra……………………………………. p. 88

Direito Revolucionário Limítrofe……….. p. 90

Meta-entendimento………………….... p. 91

A pirâmide da justiça……………….. p. 94

The End of Human Being: a travel for the future…………………………………….. p. 95

A Arte de Questionar
(para melhor entender elementos de justiça)

§1.

Uma mãe é imparcial com o filho?

A Mãe e o Pai são os primeiros códigos acerca de justiça?

O que a parcialidade das sogras revela sobre justiça?

Irmãos mais velhos, irmãos mais novos, irmãos intermediários, filhos únicos, órfãos, como estas características de nascimento e condição no mundo podem influenciar o ser humano no próprio entendimento acerca do que é justiça?

Um juiz com fome está sereno?

Preferes um juiz ateu ou um juiz religioso?

É sábio seguir sempre a maioria?

É sábio seguir sempre a minoria?

Um juiz cético é melhor para o Estado ou para o cidadão?

É regra o maior sempre abusar?

Você já matou um inseto desnecessariamente?

Em última instância, está uma máquina ou um ser humano a julgar?

Quais decisões estão sendo automatizadas por robôs?

Você conheceu alguém que já nasceu pronto?

Existe juiz sem história?

Esquecemos de nossos erros e, por vezes, os repetimos no futuro?

Os operadores do Direito devem ser homens e mulheres de fé?

Hitler foi um homem de fé?

Alguns poucos humanos podem destruir o planeta e a espécie com o poder bélico existente?

É possível controlar sem entender?

O que você precisa saber de alguém para manipular esta pessoa?

Quando um Ministro do Supremo Tribunal deve suspender uma norma positivada, logo após esta ter sido feita pelo Congresso Nacional?

Qual a diferença entre o advogado experiente e o novato idealista?

Se todo cidadão é humano, pode-se dizer que todo humano é cidadão?

23.01.2020

*
* *

A revolução da toga

§1. A revolução da toga é a politização dos juízes...porque o juiz é o aplicador da lei...claro que ele interpreta; ele tem o poder jurisdicional, *juris dictio*, de dizer o direito naquele território e com aquela competência que a lei lhe atribui, para determinadas matérias processuais ele julgar. Agora...o juiz que é politizado, ele passa a contestar, não apenas de um modo mais veemente, porque ai, ele sempre livre, é possível contestar a lei, se ele realmente for independente...mas o juiz politizado ele contesta a hierarquia; para contradizer a lei ele precisa pensar em uma não-lei, uma ante-lei, ou em uma lei diferente, ajustada, em oposição. Ao mesmo tempo, precisa respeitar o quê? Os Tribunais Superiores, o Juízo *ad quem*; e a Jurisprudência firmada, que é uma espécie de norma. Assim como [é uma espécie de norma] a lei escrita positivada, o Código Civil, a Constituição Federal, o Código Criminal/Penal, Lei Geral de Proteção de Dados, até resoluções e instruções normativas de Agências Reguladoras. Então...esta norma, que existe tanto no sentido de jurisprudência, quanto a norma que existe no sentido estrito da lei positiva, escrita, codificada...interpretar, contestar, estas normas é o que um juiz politizado faz. Então, a revolta das togas...ela se dá quando? Quando acontece a politização dos juízes. E o que é politização? Pensar sobre a Política, discutir a política, discutir quem está com o poder e se vale a pena deixar, ou não, quem está no poder....se vale a pena deixar, ou não, quem está no poder para quê? Será que vale a pena? Ou não? E daí o não apoio dos juízes, que são quem resolvem os conflitos de acordo com as normas que os políticos escrevem e decidem, no sistema de Democracia Representativa, que é o que está instaurado no momento no Brasil...então, a revolta da toga se dá com a politização dos juízes. *Capisce?*

Transcrição de vídeo,
03:24, de 22/01/2020

§2. Mas para entender melhor o que quer dizer politização é preciso entender a origem do poder dos juízes. Originalmente, o poder soberano é concentrado, uno. A divisão entre Legislativo (fazer a lei), Executivo (executar, governar) e Judiciário (interpretar e aplicar a lei, decidir) é algo posterior. Esta tensão criada entre os Poderes, o famoso "pesos e contra pesos", é o que, em tese, perdura nos países ao redor do mundo. Mas, por exemplo, quando se têm uma situação de ditadura, costuma-se ver o Poder Executivo querendo tomar a dianteira, fechar o Congresso, enfraquecer o Judiciário. E depois de regimes totalitários, com o Nazista, costuma-se ver em foco o Judiciário.

§3. Atualmente, no Brasil de 2020, é possível apontar dois elementos que minam o Judiciário no natural jogo entre os Poderes. Um destes elementos é a lei 13.869/2019, que versa sobre o abuso de autoridade. Outro é inovação legislativa pela qual existe divisão entre um juiz que colheria as provas, e outro que apenas as julgarias, já que isto garantiria maior imparcialidade nos julgamentos. Os menos experientes podem dizer que é muito bom ter uma lei contra o abuso de autoridade, que isto reflete uma quebra dos abusos dos poderes, um novo tempo, assim como podem elogiar a novel lei 13.964/2019. Mas se observarmos com mais ponderação, podemos compreender estas situações como que enfraquecedoras do Poder Judiciário perante os outros Poderes.

24.01.2020

§4. Vamos nos voltar para a natureza humana e supor a seguinte situação: o juiz de garantias faz a instrução, mas a instrução feita faz com que o juiz sentenciante não consiga julgar com base no trabalho do colega. Pois bem: eis aqui a semente da discórdia no Judiciário. Dividir para conquistar. Com certeza, o que pode parecer benéfico em uma análise primeira, pode se revelar o enfraquecimento do Judiciário, na prática. Aliás, tais "garantias" já não estariam resguardadas pelo duplo grau de jurisdição?

13.01.2020

§5. Um juiz politizado não se curva perante um regime de governo. Mas um juiz deve ser politizado? Um juiz deve expressar suas opiniões publicamente nas redes sociais? Quando se pode dizer que um juiz atua de modo independente?

24.01.2020

§6.	Outro elemento para se questionar na revolução das togas é sobre a idéia de terceiro imparcial. O Judiciário serve para afastar o drama nas relações, embora o drama faça parte do convencimento. Falo da imparcialidade pelo não prévio conhecimento das partes pelo julgador. Mas será isto o melhor? Qual seria o grau de distanciamento ideal?

2019

§7.	Retornemos à questão do abuso de autoridade. O abuso acontece toda vez que o mandatário ultrapassar os limites outorgados pelo mandante. Observem: o juiz é um agente de poder que usa (e abusa?) do poder soberano que lhe é conferido. Tal poder soberano advém do Estado, o qual é construído e mantido a duros tributos pelos cidadãos. Todo e qualquer soberano, neste sentido, seja ele um juiz, um senador, um presidente, um deputado, um delegado, alguém que exerce uma função pública e que para tanto carrega consigo autoridade, todos são mandatários, funcionários, e agentes de poder, funcionários públicos. Mas observem: este direito contra eventual abuso de autoridade vai funcionar bem para pessoas humildes do povo? Ou vai funcionar bem para as autoridades e as pessoas ricas se rebelarem contra os homens e mulheres que vestem toga? Fato interessante é que as duas últimas legislações brasileiras sobre o tema se deram em regimes de governo de direita. Será que isto não seria um modo de minar a autoridade do fiel da balança, o juiz, em um golpe dos outros Poderes contra o Judiciário?

26.01.2020

*
*   *

A revolução dos entes federados

§1. Questionamentos a serem feitos para se refletir sobre Revolução:

A Federação, enquanto maior, sempre precisa ser a que manda?

O Estados federados podem se rebelar contra a Federação?

A República Federativa do Brasil, para ser Federativa, precisa ter uma União como que a que recebendo a maior fatia da tributação?

Se os Estados federados receberem a maior fatia da tributação, a União deveria ser maior do que eles tomados isoladamente?

A Federação, e sua Pessoa Jurídica de Direito Público (União), deve ser uma representação dos Estados ou, mais do que isto, um verdadeiro Leviatã?

Mais tributos e competências estaduais, menos tributos e competências federais?

O Presidente precisa manter os Governantes nas rédeas?

Ou são os Governantes que mandam no Presidente?

E se as cidades fizerem o mesmo com os Estados federados?

E se os Prefeitos se rebelarem contra os Governadores?

Estruturas piramidais de poder (como União, Estados e Municípios) ainda funcionam?

Ser maior é ser melhor?

A vida do Império é a expansão?

Expandir é guerrear?

Todo Império morre?

Império Romano, Império Britânico, União Soviética...e tantos outros, em tantas épocas...tudo passa?

Mais cooperação e competição, menos hierarquia?

A Federação, quando maior em poder, é quem manda. Mas os Estados federados podem se rebelar contra um poder maior, que os obrigam à conformação. A União é mais poderosa quanto mais rica ela for. O topo da pirâmide só está no topo porque existe uma base de sustentação. Mude a base; não coloque a União acima dos Estados, mas no meio. Dê forças aos Estados, enfraqueça a União. Ou dê força aos Municípios? Divida o poder, racionalize seu uso, junte-se apenas para a guerra externa econômica e militar. Menos tensão hierárquica interna, mais alianças. Funciona?

07.01.2020

*
* *

Tempo e justiça

§1. O velho ateu, vendo um grupo de jovens estudantes de Direito advogando fervorosamente em defesa de São Francisco de Assis, assim provocou: "A justiça é a reescrita do passado".

§2. "E daí?", retrucou um dos jovens.

§3. Ao que o velho completou: "E daí que fazer justiça é dizer que o desenrolar dos acontecimentos (o destino) fez errado. Em síntese, o homem diz para Deus: você está errado!"

2019

*
* *

Ensaio acerca dos fundamentos da defesa do infrator da norma penal

§1.   A questão mais controversa sobre a advocacia criminal, tecida por leigos e profissionais de outras áreas do saber jurídico, diz respeito à presença, ou não, de fundamentos éticos na defesa, por exemplo, de um marginal que roubou, estuprou e matou uma mãe jovem e trabalhadora. Que justificativa haveria para a defesa desta pessoa que o senso comum define como monstro?

§2.   O tecnicismo jurídico responderia que o agente criminoso deve ser defendido em função do princípio do devido processo legal, garantidor do contraditório e da ampla defesa. Tal resposta não está errada, mas é incompleta e não satisfaz aquele que a ouve a ponto de obter o seu assentimento racional. Nela, não há explicação dos fatores sociológicos, das ciências psi, filosóficos e econômicos que engendram a necessidade da defesa do infrator e nem da fonte do princípio aludido. Passemos, então, a buscar tais fatores e tal fonte a fim de se construir uma resposta consistente.

§3.   Se atentarmos para a raiz da palavra marginal, verificaremos que o seu significado é "a margem de". A margem, ao lado, fora, não apenas da lei, interpretação que implicaria em outro reducionismo técnico-jurídico, mas, também, de uma condição humana de vida considerada como digna pela coletividade. Condição esta formada por diversos aspectos que variam desde a saúde financeira até a psicológica.

§4. Acrescentando a esta linha de pensamento que o processo de individuação do sujeito durante a sua existência está atrelado a caracteres endógenos, ou biológicos, e exógenos, ou ambientais, e que estes últimos possuem peso determinante para a definição da personalidade, lógico se faz concluir que um meio violento tende a tornar uma pessoa violenta, por mais que a sua constituição fisiológica não seja propensa à agressividade. Assim, a falta, por exemplo, de uma estrutura familiar mínima e/ou um alto índice de pobreza, contribuem quase que decisivamente na constituição do caráter criminoso.

§5. Um roubo, de modo geral, é praticado por uma pessoa que advém de um meio socialmente doente, com alto índice de criminalidade e baixas condições de vida. Um estuprador possui grande probabilidade de ter sofrido na infância abusos sexuais por integrantes de sua própria família. A grande maioria dos crimes está relacionada a deficiências estruturais das mais diversas que a própria coletividade gerou e mantém. Ou seja, quase a totalidade dos infratores estão à margem da condição digna de vida e são doentes sociais.

§6. Uma possível objeção a este raciocínio consubstancia-se na tese de que sempre haverá o livre arbítrio para aquele que pode sofrer responsabilização criminal em face de seu estado psíquico não patológico no momento da ação delituosa. Não importa se a pessoa não teve condições de ir à escola, alimentar-se adequadamente ou que possui um histórico de violência familiar, ela tem que sofrer as conseqüências penais de suas atitudes.

§7. Parece-me que tal pensamento deve ser relativizado. As faculdades de julgar e de agir do homem não são construídas de maneira instantânea em um presente, mas resultam de um processo lento que só é vislumbrado quando olhamos para o passado do indivíduo. Assim, aquele que teve sua personalidade moldada à base de sofrimento está condicionado a ter determinadas reações aos estímulos que recebe. Este condicionamento acarreta não em uma liberdade de escolha de ação, o que, genericamente, caracteriza o livre arbítrio, mas sim na própria impossibilidade, pelo desconhecimento do diverso, de se tomar esta ou aquela atitude. As predeterminações inconscientes, enraizadas na pessoa que vive em um meio marginal, constróem modelos muito restritos de respostas, que possuem como base a agressividade, para os estímulos da vida social, principalmente para aqueles estímulos que são causa de frustração. O outro é visto pelo marginal como uma constante ameaça, como uma potencial fonte agressora.

§8. É provável que um jovem, que desde a tenra infância sempre apanhou, não conheça a possibilidade de escolha entre o diálogo e a agressão física. Portanto, muitas vezes, o delinqüente não possui o livre arbítrio por falta de opção, pois só há um único caminho e não dois ou mais. Conseqüentemente, ele não é livre, mas está preso em apenas uma via que já é pré estabelecida pelas falências sociais. Em razão disso, faz-se necessário lhe proporcionar a educação, que as condições precárias do local em que esteve o impossibilitaram de receber, para que possa saber que existe o caminho do respeito e que o outro não necessariamente irá agredi-lo.

§9. Os estudiosos da ciência criminal defendem o aspecto reeducativo da pena, ou seja, o aspecto que permite ao indivíduo voltar a viver em comunidade. Educação é a porta de entrada para o convívio coletivo, tendo como peculiaridade a idéia de modelação, de esculpimento do que é torto, seja ela uma educação do tipo repressora ou liberal, seja ela do tipo que busca o afastamento ou aproximação da simplicidade natural. Reeducar, portanto, significa tornar novamente reto aquilo que já o foi, mas encontra-se torto. O termo não é muito preciso, visto que a grande maioria dos infratores da norma penal nem sequer foram retos algum dia, ou seja, nunca foram educados.

§10. Neste sentido, a punição não deve ser encarada como algo que provoque sofrimento. Ela deve ser encarada como algo que provoque esclarecimento. O sentimento de dor por uma privação muito forte, quando analisado sob o prisma das ciências psi, pode produzir resultados diametralmente opostos. É possível que ao experienciar a dor provocada pela restrição em sua liberdade, por exemplo, de locomoção, o infrator faça de tudo para que tal situação não se repita em seu futuro, abrindo-se para o aprendizado. É possível que ao sentir esta dor, ao invés do sujeito criar mecanismos de freio para seus impulsos, ele crie um sentimento de revolta ainda maior pela piora de sua condição no mundo. Logo, pela possibilidade deste último resultado, o sofrimento do claustro deve ser evitado sempre que possível, sob pena de uma provável piora do estado psico-social do recluso.

§11. A pena privativa de liberdade, a mais forte das espécies de pena, aplicada nos moldes da maioria dos estabelecimentos penais, mostra-se como um contra senso ao aspecto reeducativo. Ora, se uma pessoa é retirada do convívio coletivo e colocada em um ambiente onde não há relações sociais normais, e sim o isolamento destas, ela não irá se regenerar, mas, pelo contrário, poderá ter sua marginalidade social agravada e enrijecida. Como já mencionado, o fator ambiental é decisivo na educação de um sujeito. O exemplo também o é. Se o exemplo que é dado é o da não liberdade, a pessoa só irá aprender o que é liberdade por um raciocínio de negação dialética. Só que a negação que determina o conceito positivo neste caso determina um sentimento negativo. Como o homem é composto de sentimento e razão, e o equilíbrio nas atitudes se encontra na sincronização destas esferas, o preso continuará a ser desequilibrado, já que sabe racionalmente o que é liberdade, mas não pode senti-la. Além disso, quando a pessoa voltar a ser livre encontrará dificuldade em retornar para o corpo social não só pelas seqüelas mentais e muitas vezes físicas, mas, também, pelo preconceito que terá de enfrentar para conseguir um trabalho, que é uma das próprias condições de vida digna. Sem este, cria-se uma dificuldade em se estabelecer trocas e, logo, de relacionar-se na sociedade.

§12. Privar alguém de sua liberdade mais básica e natural, que é a locomoção, é o mesmo que retirar a sua condição de ser humano, considerando-o como coisa, assim como os escravos o foram. Se o corpo é aquilo que nos permite experienciar o mundo e, portanto, construir a maneira de ser de cada um, quando reduzimos sua capacidade de absorção de fatos novos, reduzimos a capacidade da pessoa de lidar com a diferença e, conseqüentemente, com as dificuldades que a vida apresenta. Assim, após um estado passivo, vegetativo, que é o que a prisão causa no indivíduo, o mesmo, ao ter sua auto-estima reduzida, por ser tratado como coisa, e sua potência de aprender também reduzida, em função da falta de experiências novas por vários anos, terá mais dificuldade do que antes de viver em sociedade.

§13. Economicamente, um estabelecimento prisional, como é estruturado na atualidade, demonstra-se desvantajoso pelo alto custo de sua manutenção e pouco benefício que a sociedade recebe, já que raramente há uma recuperação do sujeito. Existe uma falsa idéia instalada no consciente de muitos cidadãos de que o rigor e o afastamento do delinqüente provoque um aumento na segurança pública. Na verdade, tal pensamento está pautado na hipocrisia de parte do coletivo que ao querer afastar um problema ao invés de resolvê-lo, justifica o claustro com uma visão educacional que mostra a repressão como meio de esclarecimento. Talvez, mais sincero seria queimar as conquistas dos direitos humanos e declarar um estado de sociedade civil mecanicista e utilitarista aos moldes do nazismo. Pelo menos assim, a realidade do mundo físico teria correspondência com o mundo cultural. Seguem-se daí duas conseqüências: i.) ao cessar a força que represa a instabilidade do infrator, esta virá à tona novamente; ii.) a violência utilizada para reprimir alimentará e aumentará a violência reprimida.

§14. É importante frisar que não se está renegando a possibilidade de se retirar do seio social indivíduos com alta periculosidade para o coletivo. Situações há, em que a emergência é tamanha, que a reclusão temporária se justifica. O que se quer explicitar é que tal mecanismo de defesa social é tão monstruoso da maneira como é realizado na maioria dos presídios, a ponto de coisificar o sujeito, que ele se mostra como a pior alternativa para tentar a reeducação de alguém. O que se quer explicitar é que o delinqüente é uma vítima da falência de inúmeras estruturas sociais, que o delinqüente é um doente social que tem como causa de sua patologia a sua marginalização e, muitas vezes, a própria negação de sua condição humana. Desta forma, ele tem o direito de ser tratado e a sociedade o dever de tratá-lo. E isso, não apenas por um adágio humanitário, mas, também, por um utilitarismo que evita a piora de uma pessoa que retornará ao convívio coletivo.

§15. Existem formas mais brandas de privação como as penas restritivas de direito e mecanismos que contornam a via do cárcere como a suspensão condicional da pena e a liberdade condicional. São por estas formas e mecanismos que o advogado criminal deve lutar. Luta que tem como objetivo: i.) afastar a idéia retrógrada da repressão como expressão de segurança; ii.) fazer com que o aspecto reeducador da pena passe a ter efetividade no mundo concreto assegurando o tratamento destes doentes sociais.

§16. Após estabelecer as fundamenções relativas à sociologia, as ciências psi, a filosofia e a economia sobre a necessidade de defesa do infrator da norma penal, passemos a analisar a questão sob um prisma jurídico.

§17. Há várias hipóteses para a formação da sociedade civil e do direito de punir. Umas tomam como premissa que a natureza do homem é boa. Outras, que é má. Tomemos a premissa avalorativa de que o homem age por instintos e pela sua necessidade de sobrevivência (posição esta que se for vista por olhos cristãos, torna a natureza humana má). Assim, a junção de nossos semelhantes em comunidade, hipoteticamente, deu-se como forma de assegurar a sua sobrevivência de maneira mais eficaz. Juntos, há a possibilidade de especialização e conseqüente aumento de eficácia na produção de meios de subsistência e de proteção contra outros grupos humanos e as intempéries da natureza. Ademais, alguns ainda dizem que existe uma afeição social que se encontra no seio da natureza humana e que até pode ser encarada como um mecanismo de adaptação evolucionista, o qual a própria espécie gerou para sua tentativa de perpetuação.

§18. Para a união social, porém, faz-se necessário que exista uma convenção na qual cada indivíduo doe uma parte de sua liberdade no sentido de que ele terá que respeitar regras de conduta, não podendo mais agir da maneira que quiser. Ao quebrar estas regras ele atenta contra todos os integrantes do grupo ao mesmo tempo, ou seja, a coletividade. Em princípio, cada um, então, passa a ter o direito de puni-lo, pois, de maneira indireta, foi prejudicado. Prejudicado porque para se ter determinadas condutas sociais, várias vezes repressoras de tensões internas naturais, gasta-se energia (no sentido de mediação que o ego faz entre o *id* e o *superego*). Se um indivíduo gasta esta energia para atingir finalidades comuns, é plausível que se sinta prejudicado quando outro indivíduo não gasta esta energia e usufrui, hipoteticamente, dos mesmos benefícios que o alcance dos objetivos coletivos proporciona. Só que, primeiro, os benefícios de uma finalidade comum não são por todos usufruídos e, segundo, pelas paixões humanas, alguém que recebe uma agressão sempre irá retribuí-la de modo desproporcionado, fato este que condena a "justiça com as próprias mãos".

§19. Não obstante, o todo, ou Estado, como ente racional que é, consegue estabelecer, ao menos em princípio, uma proporção entre a ação negativa prejudicial ao coletivo e a reação necessária para anular o seu efeito.

§20. Note-se que tal reação não deve se concretizar com outra violência, mas com a educação. Exemplificando, o pai de uma criança que foi morta a facadas, provavelmente, irá querer ver o assassino de seu filho morto, o que é natural, e o pai do assassino, provavelmente, não irá querer ver seu filho morto, o que também é natural. Como o Estado não está na relação agente-vítima de modo próximo no aspecto dos sentimentos, ele está mais apto para anular o efeito negativo do homicídio no corpo social.

§21. É com base nestes pensamentos que podemos dizer que o direito de punir nasce da necessidade de preservação do todo, pois a preservação deste é a melhor maneira de cada ser se preservar individualmente, e dizer que sua legitimidade encontra-se no coletivo e não no singular.

§22. O Estado, então, divide-se em duas partes, a que defende a sociedade (ou acusação) e a que julga o particular. Geometricamente, acima se posiciona o juiz ou júri, conforme o caso e, abaixo, de um lado o promotor e, de outro, estabelece-se a defesa do acusado como infrator da norma penal. Nesta relação triangular a premissa, que é inerente a todos os lados, consubstancia-se no fato de que seus representantes possuem uma capacidade de julgar que é relativa à personalidade e aos interesses de cada um, que são frutos de experiências individuais passadas e presentes no mundo. Assim, por mais que ambos os pólos diametralmente opostos busquem o justo na aplicação da pena, este justo será, antes de tudo, uma visão particular dos fatos, da realidade. Pode ser que estas visões se tornem correspondentes. Na grande maioria das vezes não é isto que acontece, e cada pólo tentará fazer prevalecer aquilo que considera como sendo o justo.

§23.   A justiça é algo que na história do homem já foi pensada como sendo pertencente a uma esfera ideal, estando presente em qualquer lugar do globo da mesma forma, como também já foi pensada como sendo algo pertencente ao contingente, sendo diferente conforme os costumes criados em determinada região. Fiquemos com uma espécie de síntese entre estas duas correntes. A justiça é algo ideal no sentido de que deve ser buscado o menor sofrimento possível para o ser. E ela é contingente no sentido que, por cada indivíduo ser um estranho ímpar, cada um possui um tipo de sofrimento. O que se faz como justo para um não se faz para o outro.

§24.   A dialética inerente ao processo possui como função a constante verificação do que é o mais justo para o caso em análise de acordo com a máxima individuação que pode ser feita do sofrimento do acusado. Ao serem confrontados dois olhares diferentes sobre o mesmo objeto de análise, faz-se possível conhecê-lo melhor e aproximar-se daquilo que ele realmente é. Este é o porque lógico-formal do princípio do devido processo legal, garantidor da ampla defesa e do contraditório. Um outro porque, pautado na natureza humana, é que o homem tem como característica essencial a imperfeição, e, portanto, que ele é passível de erro. Neste sentido, a necessidade de se colocar um contra ponto a uma visão funciona como um verificador da posição que está mais próxima da verdade. Ademais, pode-se dizer que ele é "devido" em razão de sua necessidade e que é "legal" em razão de sua positivação que o esculpi literalmente em uma lei.

§25. Por fim, após ter-se percorrido algumas razões que servem de fundamento para a defesa daquele que esteve e está a margem da sociedade e acreditando que foi construída uma resposta consistente à perquirição feita, resta apenas, e tão somente, a esperança de que o desejo do famoso escritor se realize um dia no espírito daqueles que julgam o infrator da norma penal: "*Desejo ... que seja tolerante, não com os que erram pouco, porque isso é fácil, mas com os que erram muito e irremediavelmente, que fazendo bom uso dessa tolerância, você sirva de exemplo aos outros.*"

12.2005

*
* *

A mentira, a prova, o litígio e a justiça

§1. Indignada, dizia: "Apagou para mentir; gritou para mentir; agradou para mentir...Mentiu 1, mentiu 2, mentiu 3 vezes!...És um mentiroso, não há dúvida!"

§2. Ouvindo a gritaria que se passava no cômodo ao lado, pensava o estudante de Direito: "Mas como confiar em mentirosos?! Veja: a confiança é algo que está em mim, e não na pessoa em quem confio. Confio, primeiramente, no meu próprio juízo. Então, se meu juízo me diz que uma pessoa é mentirosa, por consequência passo a excluir as palavras desta pessoa na ponderação acerca de suas potenciais atitudes, acerca do comportamento desta pessoa. No conjunto das provas a palavra do mentiroso pouco vale, a não ser para se tentar deduzir a verdade escondida...por meio de inversão de sentido. O problema da mentira é que ela adia o entendimento que mais se aproxima da verdade. E sim, a verdade, para muitas coisas, não é relativa. Existem fatos cuja interpretação pouco ou nada varia. E toda mentira é o reflexo do interesse de quem mente. Mentirosos possuem acentuado egoísmo. Aqui também habita o mentiroso patológico, doente biológica e/ou psiquicamente, os estelionatários. Mas também pode existir a mentira para proteger uma vida de um explícito abuso por quem detém o poder, como na época do Nazismo e Stalinismo. Aqui chegamos na parte da justiça. Mesmo a mentira justa, é justa relativamente, pelos olhos do mentiroso. A verdade dos fatos, e a parcialidade da justiça, sempre são ponderações a fazer. Mas há fatos inquestionáveis: são os fatos, não tem como distorcer. E daí, a partir dos fatos, cada um faz a sua justiça"

§3. "Aqui ó...quer que esfregue na sua cara?....aqui estão as provas!", continuava

§4. E continuou pensando o estudante, lembrando que o alegado mentiroso tinha resistido para entregar o celular: "Parece que aquele que se nega a fazer a prova possível presume a veracidade do alegado pela outra parte. Também parece que é requisito da boa defesa a ausência de privacidade. Mas não é justamente o segredo que faz o vencedor na guerra?"

24.02.2020

§5. Passados alguns dias, o estudante de Direito estava assistindo a um programa televisivo onde as pessoas competiam para ganhar quem era o melhor chef de cozinha. O estudante ficou pensando que os telespectadores assistiam pessoas, os jurados, sentindo gostos que jamais qualquer espectador podia sentir. Mas havia na decisão final do vencedor uma parcela que era composta pelos votos dos espectadores. O estudante, vendo os dois finalistas prepararem as refeições, porém sem sentir o cheiro ou gosto, tinha como elementos de decisão o visual da comida e a empatia, ou não, com os competidores. Foi então que o estudante de Direito ficou pensando: "será que a impressão de esforço causada por um dos candidatos será mais importante do que o claro talento do outro para fins de convencimento da massa de telespectadores? O que o coletivo entenderia como o justo nesta situação a partir dos elementos de prova à disposição?". E quando o resultado ia ser anunciado, a energia caiu.

27.01.2020

*
*   *

Divagações acerca do dever-ser do Júri & Elementos de Retórica

§1. O Júri precisa possuir um aparato por trás de si que o sustenta. É por trás porque ninguém do júri pode perceber que ele existe. Se isto ocorrer, o jurado vai saber que está sendo influenciado por vários e não apenas por um, o que acarreta na perda de credibilidade deste um. Aquilo que o jurado achava que o advogado de defesa tinha feito sozinho transformou-se em obra coletiva. Há, quando esta transformação ocorre, perda de credibilidade por capacidade. Note-se esta última palavra. Ela quer dizer algo que é inerente, naquele momento, ao expositor e que o qualifica. Quanto mais capacidade, maior qualificação. Assim, quanto mais capacidade mais credibilidade. E, por conseqüência, mais convencimento. É de convencimento de que trata o Júri.

§2. Uma vez exaurida a questão do "de trás", cabe o questionamento: Mas que aparato é este que possibilita a ilusão do interpretar se tornar mais convincente aos olhos do espectador (jurado) e que, portanto, mostra-se como necessário? A resposta que me parece ser mais convincente é a de que a Ciência faz parte deste aparato invisível. Esta, por princípio, é observadora (observadora do mundo dos fenômenos naturais e dos fenômenos do mundo da cultura). Refiro-me, de modo geral, a Psiquiatria, a Psicologia, e a

Lógica. Observar o espectador (jurado) e o expositor (advogado de defesa e promotor), uns em relação aos outros, e com o próprio passado, e com o ambiente, é a função do cientista do júri e não só de seus atores. Além disso, também é sua função conseguir transmitir tais observações para o expositor, melhor definindo o sucesso deste quando de sua apresentação no palco.

§3. Mas se estamos pensando sobre Ciência, então, as palavras 'palco' e 'atores' não teriam sido empregadas incorretamente, visto que elas se relacionam com a Arte? A resposta a esta perquirição parece ser a de que, enquanto jogo de esconder e mostrar, o convencimento é sim uma Arte e, enquanto negociação, o convencimento é sim uma Ciência. Arte e Ciência estão juntas no Júri. Intuição, Sentimento e Razão. Cultura (lei da finalidade – liberdade) e Natureza (lei da necessidade – ausência de liberdade). É da fundição de todos estes elementos que se compõe a dinâmica ideal do Júri, local onde se decide sobre a liberdade das pessoas que são acusadas de terem cometido crimes contra a vida de outras pessoas.

08.06.2007

§4. Mas o que um jurado, um juiz, precisa para ser convencido de fato. Razão ou Emoção? Certamente a emoção fala mais alto. E as provas e argumentações precisam estar na máxima síntese quando da argumentação. Dizia um dos advogados de O. J. Simpson: "If [the glove] doesn't fit, you must acquit", ao se referir a uma das provas capaz de inocentá-lo da acusação de assassinato. Aproveitando este exemplo, note que este foi um julgamento midiático. Observem: a mídia tem um peso enorme na formação da opinião pública, a qual pode sim fazer pressão mesmo nos juízes mais independentes. É possível ter um julgamento justo sob holofotes? Ao mesmo tempo, será que a publicidade não é justamente aquilo que garante a verdade? Prosseguindo, se alguém tem fama de ser violento, torna-se mais difícil defender esta pessoa quando a mesma for acusada de um crime violento? Ou mesmo quando alguém é caluniado por muito tempo, anos a fio, torna-se mais difícil reverter este quadro em poucas horas de julgamento?

2020

§5. Do ponto de vista da Retórica, toda argumentação envolve negociação? E, ou, toda negociação envolve argumentação? Para negociar, preciso argumentar, com palavras ou até mesmo com a força. Mas quando existe força, não existe negociação, e sim imposição. Isto nos leva a entender que a negociação está relacionada com a possibilidade de escolha, sendo algo cujo convencimento surge de dentro para fora, e não de fora para dentro. Além disso, os argumentos costumam ser técnicos, lógicos, explicativos, demonstrativos...mas a negociação, esta envolve a sedução, o que está mais relacionado com os sentidos, as sensações. Em um comentário polidamente sexista, disse o homem que observava a cena: "ele estava com a lógica, mas ela estava deslumbrante com aquele vestido que acariciava suas maravilhosas curvas femininas; por isto as provas foram mais lidas pelo julgador mulherengo com os contornos da doce voz dela, a qual foi firme na sua descrição dos fatos, e como que com uma chicotada de dominatrix, fez vingar sua verdade na sentença"

2008, 2020

§6. Seja qual for o julgador, um juiz técnico ou um jurado, ou uma platéia qualquer, é sempre importante fazer uma correta apresentação do que se vai falar, uma introdução. Além disso, a disposição prévia, a tendência (natural ou por costumes), de quem ouve o discurso, em com este assentir ou não, é um problema a ser enfrentado, cuja solução reside em o orador mitigar e até retirar a eventual animosidade do destinatário do convencimento. Por exemplo, em um assassinato é comum as pessoas negativarem o advogado do criminoso pelo simples fato de o causídico estar defendendo o homicida. E se nessa frase, ao invés de se utilizar o termo "defendendo o" se utilizasse o termo "advogando para" haveria uma receptividade mais eficaz por parte dos jurados? Psicologicamente, faz diferença? É preciso compreender a emoção, para melhor aplicar a razão. Se quero convencer, preciso saber o que toca emocionalmente o destinatário da minha mensagem. Ou, se o destinatário é uma pessoa de extrema frieza emocional, preciso focar na razão e em descobrir o que faria aquela pessoa que nunca ri, rir (algo arriscado, mas com grande retorno se bem sucedido). Também chamar o ouvinte para observar junto com o orador a questão a ser analisada, eliminando-se oposições psicológicas entre ambos. Não é o orador que diz; é o ouvinte que vê com os próprios olhos. Vai-se conscientizando o ouvinte sobre o que se fala, no sentido do ouvinte ir tomando consciência por si mesmo do próximo argumento, internalizando a própria lógica do discurso. O orador não convence ninguém, é o ouvinte que se convence, assim este tem que estar - convencendo-se. Para tanto, de modo a quebrar a diferença entre quem fala e quem ouve, também se pode trazer assuntos que ocorreram no passado do ouvinte, que a este são familiar, comuns. Primeiro identifica-se orador e plateia. Depois é cada um por si apreciando o mesmo objeto, por si mesmos. Esta é a sensação perfeita para o convencimento, a persuasão. Não fui eu que te convenci. Foi você que se convenceu.

§7. Em um hipotético júri, o advogado de defesa tem que se dirigir ao magistrado togado, que organiza o julgamento e faz a dosimetria da pena, falar sobre as prisões e suas consequências para o júri, discursar sobre o passado do acusado, de preferência tendo descoberto algo do passado de quem vai ser convencido e que possa trazer benevolência para quem está no banco dos réus, apreciar as provas levando em consideração os elementos da emoção dos jurados-ouvintes, fazer a emoção e a razão aumentarem sincrônica e proporcionalmente, além de ter tal advogado de defesa que utilizar de muitas outras técnicas.

2007, 2020

§8.   Ditas estas palavras, vamos a um diálogo que também nos ajuda a entendermos os elementos da Retórica.

A: "O mundo pode ser uma merda ou um paraíso", dizia o advogado para seu estagiário.

B: "Como assim Dr.?"

A: "Tudo depende de onde você parte. Se todo os homens nascem bons e a sociedade os corrompe, você vai para um caminho; mas se todos os homens nascem maus e a sociedade os contém em suas maldades, você vai para outro caminho...o social e o liberal, o esquerdista e o da direita, o democrata e o republicano..."

B: "E isto implica no quê?"

A: "Na minha época te chamariam de semovente...isto implica que não existe o certo, nem o errado...você precisa ser cético, e quanto mais longe visualizar as causas e princípios da pessoa, mais fácil a convencerá ou a derrotará"

B: "Dr., eu acredito na bondade do homem. Ninguém nasce ruim. É tudo questão de criação."

A: "Não importa no que você acredita...vá agora e descubra tudo que puder na rede social do Barbosa...para derrotá-lo, temos que o entender"

B: "Mas o Sr. não tinha pedido para eu fazer a pesquisa de jurisprudência?"

A: "Faça as duas coisas...qualquer hora te explico o que é a natural arbitrariedade humana...não me conteste, faça", e o advogado saiu na sacada para fumar um cigarro.

3 horas se passaram.

B: "Pronto, aqui está o dossiê do Barbosa, e a jurisprudência...já posso ir agora?...tenho um compromisso", falou o estagiário com uma voz meio embargada, mas também misturada com uma certa malandragem.

A: "Claro que não, ainda tem muito trabalho, senta ai, vamos conversar mais um pouco...sabe aquilo que disse que tudo depende do seu ponto de partida? Então...observe: pontos de partida diferentes podem criar visões de mundo totalmente diferentes ao final...é o que eu chamo de mundos possíveis...a possibilidade de vários mundos traz uma nova dificuldade: o tecnicismo é neutro, avalorativo...é assim que temos que nos comportar nos processos judiciais, sendo amoral para entendermos, e, após entendermos, passamos a nos colocar como morais, e descrever a outra parte como imoral..."

B: "Dr., mas isto não é imoral?"

A: "Por quê você acha que seria?"

B: "Dr., estaríamos mentindo..."

A: "Você tem problema em mentir? Sabe que mentir em juízo é crime né?...mas não estou falando sobre mentir ou falar a verdade, estou falando sobre interpretar a realidade...o real não é moral, nem imoral...é amoral...e é assim também com a justiça – uma relatividade que só...chegamos ao entendimento do que é o justo baseados no interesse, ou no merecimento, que cada um de nós julgamos ter, possuir...e processualmente pensando, é sempre um suposto direito o que pedimos em uma ação judicial...suposto direito da parte, até que o Judiciário vaticine, e ocorra o trânsito em julgado, situação em que não cabe mais recursos..."

B: "Se recortássemos algumas partes da timeline da rede social do Barbosa e inseríssemos só as piores no processo...estaríamos omitindo, descontextualizando ou sublinhando?"

A: "Agora sim...parece que está começando a entender...acho que já pode sair para seu compromisso…"

B: "Obrigado Dr."

A: "Obrigado nada. Vou descontar o tempo na sua remuneração...agora guarde o que vou te dizer: seja cético, não acredite em nada; seja dialético, a todo argumento oponha um argumento de igual força; e lembre-se: a mais alta autoridade, assim como você e eu, todos defecamos".

Correndo para a festa de faculdade que o aguardava, e xingando em pensamento o advogado de filho da puta, lazarento e desgraçado, saiu o estagiário correndo da sala que começava a se encher de fumaça.

"Porra!", esbravejou o advogado que sentiu uma brasa perfurar a calça do seu terno..."Puta merda! Caralho! Buceta!...logo este terno, meu preferido...", ao que, acalmando-se do roupante, leu uma de suas anotações esparsas em meio à pilha de pastas de processos judiciais: "para além de uma depuração do estado de ânimo raivoso, a qual traz tranquilidade para o indivíduo, o uso de palavras obscenas, que violam o pudor, palavrões, quando bem empregado, de modo medido, é um poderoso instrumento de Retórica

2006, 2020

*
* *

A pureza das crianças

- "Ai mano, vo te joga um papo reto...a fita é a seguinte...aquele babaca fortão entregou sua arma pros gambé...agora tio, o negócio é nóis...vamos entrar e apavorar...até mesmo pq a véia vizinha do pleyba, fiquei sabendo, tá com uma 12, cano cerrado, comprada do nosso cumpadre...numeração raspada...linda..."

- "Mas será que não é negócio pegar a 12?"

- "Se é loko mano...vai que a véia resolve apertar o gatilho?...vamo memo é lá na casa do lado...é só abordar quando o fortão chegar com a filhinha da escola...quando o zé ruela abrir o portão...já é...é nóis..."

Enquanto os dois meninos, que aparentavam seus 14, 15 anos, esperavam atrás do terreno baldio, após terem quebrado a luz do poste, acontecia a seguinte conversa dentro do carro, que se aproximava da residência:

- "Amor, o que você aprendeu hoje na escola?"

- "Papai, papai...hoje a tia Vani deixou de castigo dois meninos que estavam brigando na aula de religião...disse que é feio brigar...que quando só tem um brinquedo, é para dividir...brincar junto ou depois que brincar um pouco deixar o outro brincar..."

Há 20 metros da residência, a mãe, que também estava no carro, falou para a menininha que era isto mesmo, que tinha que brincar com as amiguinhas sem brigar...

Há 10 metros da residência, continuou a mulher, em tom mais baixo, para que a criança não ouvisse, dizendo para o marido: - *"Eu não sabia, mas um pensador cristão, chamado Santo Agostinho, dizia que as crianças não são tão inocentes como as pessoas pensam...não me recordo ao certo qual exemplo que a Amanda usou para exemplificar o que o pensador pregava lá perto da Idade Média...era algo como que as crianças, muitas vezes, choram com o intuito único de manipulação dos pais, pois sabem que isto é algo que os atinge...nossa, fiquei chocada com esta fala da Amanda...as pessoas dizem cada absurdo né...não consigo imaginar uma criança sendo má..."*

5 metros da residência, o marido responde: *"- O que uma criança poderia fazer contra nós, que somos mais inteligentes e mais fortes? Esta sua amiga está viajando...e duvido que um religioso tivesse dito que as crianças não são puras..."*

3 metros da residência, a criança tinha ouvido a conversa entre os pais e perguntou: *"- Papai, papai...mamãe, mamãe...olha só o santinho que peguei na bolsa da professora..."*

A mãe, horrorizada, mas se controlando, disse: "- *Que é isto Isabella?! Onde você disse que pegou este santinho, meu amor?*"

2 metros da residência, já encostando no portão, respondeu aquele anjinho: "- *da bolsa da professora, mamãe...*"

"- *Perdeu! Perdeu! Vai divagar otário se não você e elas vão acordar com formiga na boca...*"

"- *Calma! Calma! Pelo amor de Deus...não atira que vamos fazer tudo que mandarem...*", disse o homem para os meninos.

E o portão automático fechou.

*
* *

Sexo e julgamento

§1. Lia notícias de um jornal direcionado para a área jurídica quando me deparei com a matéria, publicada em 25.01.2016:

"A desembargadora Iris Helena Medeiros Nogueira, do TJ/RS, repudiou "com veemência" a fundamentação da sentença que havia julgado improcedente o pedido de indenização de uma mulher que foi assediada por um funcionário de banco.

A autora relatou que após deixar a agência da instituição financeira foi surpreendida com uma mensagem de texto, do funcionário que lhe atendeu:

"Oi B. Tudo bem? É o A. do Itaú. Lembra que atendi hoje? Mando esta mensagem para saber ser você está solteira. Te achei tri gata! Fiquei afim de ficar com vc.. e quem sabe se rolar um sexo bom. Vou ficar aqui a semana toda. Há possibilidade? Beijo."

A mulher narrou que retornou até a agência, com seu namorado, quando ficou comprovado que foi o funcionário da agência quem tinha mandado a mensagem. Alegou, ainda, que foi informada de que não era a primeira vez que o citado funcionário cometia atos similares com clientes mulheres, e também narrou que o gerente da agência lhe disse para apagar a mensagem.

Conduta socialmente aceitável

Ajuizada a ação de indenização, o juiz de Direito Luis Gustavo Zanella Piccinin, da 1ª vara Cível de Erechim/RS, julgou improcedente o pedido. Nas palavras do magistrado, "*a repercussão que a mensagem causou na esfera pessoal da autora se deram exclusivamente por força de sua iniciativa*".

"*Se ignorasse a mensagem que lhe desagradou e a deletasse o caso estaria encerrado, como de ordinário várias situações similares ocorrem diuturnamente mundo afora, sem que dela as pessoas esperem uma reparação financeira. Em que medida a sociedade moderna aquiesce com as facilidades tecnológicas de comunicação, com as redes sociais alargando seus horizontes, mas não toleram mais um xaveco ou uma "cantada", ainda que impolida como parece ter sido o caso? A ofensa que a autora diz ter sofrido, aí, tem a medida exata da consideração objetiva de uma conduta socialmente aceitável e tolerável, como é o seu caso. (...) Aqui bastava deletar a mensagem, mas a autora cumpriu um périplo renitente em fazer marcar e anunciar o conteúdo da malfadada mensagem, mediante o caminho da Delegacia de Polícia, do Tabelionato e* da agência bancária, tudo apontando não para uma ofensa, mas para a ideia de auferir algum benefício financeiro com o fato do cotidiano de relações."

Ofensa

A apelação foi julgada pela 9ª câmara Cível do TJ/RS. A presidente e relatora, desembargadora Iris Helena, inicialmente tratou da sentença, afirmando:

"Ao juiz é dado – obviamente – o direito de seu livre convencimento frente às questões postas à sua apreciação. Porém, penso que a fundamentação da sentença desbordou dos padrões, e abordou a questão de forma extremamente grosseira, quiçá, discriminatória." (grifos nossos)

Quanto ao abalo moral, a relatora concluiu por caracterizado, pois o conteúdo da mensagem não poderia ser tratado como algo normal do cotidiano. Citando a CF, apontou que a autora foi invadida e ofendida em sua honra, imagem e vida privada. E ainda sustentou que o banco deve respeitar o sigilo de clientes e assegurar a proteção dos dados.

"O mundo moderno – conforme referido em sentença – não justifica atitudes desta natureza."

O revisor, desembargador Eugênio Facchini Neto, ao votar com a relatora, afirmou:

"No momento em que a autora foi instrumentalizada e vista como objeto de desejo, sua dignidade foi atingida. Para testar a tese, basta saber se o magistrado sentenciante, ou qualquer um de nós, acharia normal e adequado aos 'tempos modernos' que nossas esposas/ companheiras / noivas / namoradas / filhas recebessem o tal torpedinho de assédio explícito..."

Também acompanhou a relatora o desembargador Carlos Eduardo Richinitti. Assim, foi fixada por decisão unânime indenização no valor de R$ 8 mil.

Processo: 70066675984"
(http://www.migalhas.com.br/Quentes/17,MI232978,11049-Juiz+e+criticado+por+abordar+assedio+de+forma+grosseira)

§2. Acerca da notícia acima, veio-me na cabeça alguns questionamentos:

§3. Em visitando sites pornográficos, quais categorias de vídeos escolheriam os sentenciantes (juiz e desembargadores)? Seria a afirmação de um direito, ou uma ofensa, dizer que a desembargadora, sentenciante mulher, acessaria sites pornográficos?

§4. Se eu sou minoria, eu gostaria de ser julgado pela maioria?

Se eu faço parte da maioria, eu gostaria de ser

julgado por uma minoria?

§5. O Marquês de Sade prefere ser julgado por um padre da Igreja Católica ou por Galileu? Um religioso preferiria ser julgado por um ateu ou por outro religioso de outra religião? (esta é difícil em...)

§6. Será a Moral um elemento essencial do Direito? Estarão os litigantes jogados à sorte da moralidade dos julgadores para os quais seus processos foram distribuídos aleatoriamente?

Será que a escolha de julgadores pela população poderia se aproximar mais das realidades morais locais do que um sistema em que os julgadores são concursados?
Será que existem realidades morais locais e fixas, ou a moralidade é mutável e plural mesmo no mesmo local?

§7. Sexo e religião (esta enquanto tentativa de compreensão/aceitação da morte) seriam os motores verdadeiros da Ciência do Direito?
Seriam os julgadores-cientistas verdadeiros artistas sublimadores, no sentido de que o Direito é Arte?

§8. Por todas estas perguntas, caras senhoras e senhores, depravados ou celestiais, é que a pergunta mais importante acaba sendo esta: como convencer seres humanos? Não é a toa que um famoso advogado italiano do século passado anotava tudo que podia sobre os juízes, dos sapatos aos vinhos preferidos, passando, é claro, pelo passado e desejos de cada um deles.

25.01.2016

*
* *

Drugs

§1. Para além da questão de se encarar a drogadicção, ou uso recreativo de drogas, como partes da natureza dos seres humanos, ou de se encarar tais fenômenos como resultado predominante de cultura e hábitos; para além destas questões, uma questão de imenso valor para a sociedade é a perquirição acerca de quando o uso e o comércio de uma mercadoria passa a ser ilegal. Quando isto ocorre? O que a sociedade escolhe como mercadoria ilegal? E por quê escolhe tais produtos e não outros? Quem escolhe a norma da ilegalidade? Drogas, armas, alimentos, todos enquanto produtos controlados, tiveram o que em comum quando da proibição? Quais os reais interesses na proibição de produtos e serviços?

§2. Por certo, mercados proibidos possuem valores mais altos. A proibição aumenta o valor da mercadoria, acabando por ajudar na composição do ativo. O tráfico pode ser um bom negócio para alguns? Ou a legalização de consumo e comércio pode ser mais benéfico para toda a sociedade?

§3. As drogas são uma verdadeira questão de saúde no que se refere ao abuso, incapacitação e deterioração de usuários; são uma falsa questão de polícia (basta imaginar o quanto em presídio e polícia seria economizado com a legalização de drogas e extinção de tráfico); e as drogas também são uma questão de *Business* e competitividade mundial. Enquanto certos países proíbem o uso da maconha, em outros há liberação e a geração de indústrias agrícolas, recreativas e farmacêuticas ao redor da planta. Ou seja, enquanto existem países em que o usuário é considerado criminoso, em que as polícias gastam enorme parte de seus orçamentos para proibir o comércio e uso de determinadas substâncias; também existem outros países nos quais empregos e negócios são gerados, recolhem-se mais tributos, otimizam-se gastos com segurança, a Ciência faz progresso no tratamento de doenças, tudo com base em uma planta que existe há milhares de anos, ou seja, com base em um recurso natural.

24.01.2020

*
* *

E se a doação de órgãos fosse obrigatória após a morte?

§1. I.

A: "Mãe, será que vai demorar para eu encontrar um doador?"

B: "Talvez. A fila é grande, mas tudo é possível, e o tratamento está dando conta de te manter vivo"

Alguns metros daquela sala de hospital falava o médico: "Ele está perdendo os sinais novamente...afaste...bizzz, biiizzzz...", fazia o som do aparelho para reanimar o paciente; houve mais alguns minutos de movimentação intensa, quando expressou o homem de branco: "Ele morreu"

§2. II.

C: "Nãããããooooo!!!!!", soluçava em prantos a mãe do garoto até deitar em meio a sala de espera do pronto socorro do hospital da Santa

Casa de Misericórdia, fitando os olhos de tal modo que parecia poder ver o céu para além do teto e dos vários andares acima.

A: "Mãe, você ouviu?"

B: "Não. O que?"

A: "Uma voz parecida com a do meu amigo lá da escola...estou com saudade dos meus amigos, até da escola estou com saudade; um saco ficar aqui neste hospital; droga de vida"

B: "Eu sei como se sente filho; vai dar tudo certo; é preciso ter fé"

C: "Deus filho da puta!!!! Você arrancou meu filho de mim!!! Aaahhhhh!!!!! Nãããããooooo!!!!!"

§3. III.

Então uma das enfermeiras se aproximou e disse: "Sra., sei que está passando por muita dor, mas preciso lhe questionar: a Sra. quer doar os órgãos do seu filho?"

A: "Mãe! Mãe! Deus atendeu as suas orações!!!! Consegui o órgão!!!!"

§4. IV.

O escritor, que via toda a cena de cima, ficou pensando: "Quem realmente salvou a vida do menino que precisava de transplante? A mãe enlutada? O destino em seus mistérios causais? Merecia um menino morrer para outro viver?"

§5. V.

Mas um órgão de um morto é só um órgão. E um órgão para um morto não mais terá serventia alguma, a não ser para os vermes que hão de comê-lo, se enterrado for, ou o fogo, que há de transformá-lo em cinzas...Em suma, não doar órgão de pessoas que já morreram é o mesmo que dizer que a propriedade sobre algo que em dias se extinguirá vale mais que uma vida.

E se a doação de órgãos fosse obrigatória? Isto poderia aumentar ou diminuir tráfico de órgãos? Isto poderia aumentar ou diminuir o número de vidas salvas que estão esperando um transplante? Qual o custo social final após a ponderação sobre estas e outras questões relacionadas com a obrigatoriedade de doação de órgãos de pessoas mortas?

2018, 2020

*
* *

Privacy and Power.
We are being controlled.

§1. Of course that this is evident. We are being controlled. And no, it is not an illusion of persecution (and this is not a denial of an evidence).

§2. The point is: everything about you are being measured in a very precise way.

§3. Observes: the digital thingerprint of the persons is in every action of their day: since the time to wake up with the alarm of the smartphone until the payment of a lunch or even the data collected by pornographic sites visited by the persons. Notes: the companies of the digital universe knows about your dreams and your sex.

§4. Did you care?

§5. Or the most important issue is: what is the impact in the future of the Humanity specie that can be caused by this deep and precise measure of the persons?

§6. Observes that it is a very strong power the power to know the thoughts and feelings of the persons. Knowing this it is extreamely ease guides a human being. "Tell me your aims and desires and I tell you your prison", said a experienced person to the naive one.

§7. And whom have this so potent power - the power of the information, the power of the data, the power of profiling? States? The persons that represents the Powers of the Republics around the World? Corporations? The persons that have the control of these Corporations?

§8. So pay attention: the privacy as fundamental right of the human being is the start point to think about the degree of freedom that citizens and consumers have in our present digital situation. They are free to choose?

§9. For further than the psycological analyses of the personal data of the individuals of the Human specie, did you already thinked about a technology that can read your mind instantaneally? If data of our computers can travel trough wireless networks, why also can not travel our toughts in an similar unnvisible network? Did you already imagine a smartphone which can read your mind? A possible advertsiment can be: "check the box with your consent for we read your mind instantaneally and you will not need to use a keyboard or the voice - just think, baby!"

§10. The World without secret is a better World? Is it fair that States have secrets and citizens can not have them - in relation one to eachother?

06/10/2019

*
* *

§11. A intenção era boa. O estudante de Direito queria filmar o mendigo que ficava perto de uma praça, fitando com um olhar profundo e desolador os cachorros da rua; desejava mostrar a situação degradante do mendigo. "Isto é de interesse público", pensava o estudante. "Alguém precisava fazer algo por aqueles que nada podem fazer", expressava. Ao que o colega de turma respondeu: "Para com isto. Trata-se de um direito de privacidade; é um interesse privado à imagem. Mesmo que nada o mendigo possua, a própria imagem é propriedade inerente ao ser do mendigo. Se você quer fazer isto, em prol de mostrar para pessoas que não estão nem ai para a existência destes mendigos, a não ser quando dormem nas calçadas de suas casas, se você quer fazer isto mesmo assim, então precisa esclarecer e tomar o consentimento do mendigo. É um ser humano, ele tem este direito fundamental". Então, o estudante que queria gravar e expor os mendigos virou para seu colega e disse calmamente: "Observe: este mendigo nunca vai sequer saber que o gravei; e não é assim conosco? O Estado e as Corporações vão lá, vasculham nossa vida, por nós mesmo postada nas redes sociais...nos metrificam a cada segundo...e você vem falar de autorização para filmar o mendigo? Vamos...volte para a realidade, os meios justificam os fins, vamos ajudá-lo sem mesmo que ele o saiba"; e o colega retrucou: "então você sabe o que é o melhor para o mendigo? E crendo saber disto, sequer o consulta e, secretamente, lhe faz o que você considera como suposto bem? É isto mesmo?"

2005, 2020

*
* *

O julgamento

Cena 1: antes de entrar no Tribunal

§1.

Disse o velho, ainda com os pontos de um corte de faca no rosto, para os meninos que o circundavam:

"Ao final da guerra, os que antes eram opressores viraram oprimidos"

e continuou:

"É o pêndulo da vida, a roda gigante que pessoas, partidos políticos, e até o animais não-humanos, estão sujeitos. Todos sujeitos a roda da vida!!!" - gritava o velho, cujo corte foi resultado de uma luta com o inimigo.

Após perder o fôlego, prosseguiu mais calmamente, porém com igual intensidade de espírito, explicando aos meninos que:

"...crescemos, nascemos e morremos. Adquirimos poder, lutamos para mantê-lo, mas até o Império Romano se desmoronou, meus caros meninos...não há vida sem a morte...nascemos para morrermos...eu, você...e você...e ele...e ele" - ia apontando o velho para cada um dos meninos, que os escutavam atentamente. Mesmo aqueles que tinham repulsa pelos pontos que costuravam a pele e se misturavam com manchas de sangue espalhadas ao redor do rosto daquele senhor, mesmo estes não conseguiam para de prestar atenção.

Então, quando o velho continuava a dizer que: "*É o processo! Com os partidos políticos é igual...*";

Repentinamente, interrompeu um dos garotos e gritou para todos que estavam ao redor da porta do Tribunal ouvir:

-*"Ei! pessoal!! olha lá do outro lado da rua, se disfarçando, o vagabundo que nos condenou, nos enganando e roubando, primeiro nosso dinheiro, depois nossa liberdade!!! Pega o desgraçado!!!"*

Todos, então, correram atrás daquele homem que os tinham roubado durante anos, uns seguraram seus braços, outros as pernas...e quando o segundo se posicionava na fila para dar um soco na boca já sangrando, gritou o velho:

"- *Guardas!!! Levem aquele homem para julgamento no Tribunal!!! Ele nos vale mais vivo do que morto! Terás que viver sob as grades, para ser o exemplo de que a ordem voltou a reinar!!! Vão guardas...levem-no para o Tribunal*"

*
* *

Cena 2: no Tribunal

§2.

Dentro da Nova Corte, formada pelos vencedores, encontravam-se engaiolados e separados da platéia por um fosso, os comandantes do antigo regime. Eram políticos, empresários, líderes que atuavam oprimindo o povo, e até juízes que apoiavam em suas decisões a ditadura corrupta que havia levado a nação ao fundo do poço. O homem pego na rua pelos meninos também estava lá.

"- *Ordem! Ordem!*" - batia com o martelo o juiz eleito presidente daquele julgamento: "- *Os trabalhos vão se iniciar. Busquemos fazer desta sessão de julgamento uma sessão justa e perfeita*"

Feitas as devidas identificações de cada réu, passou o juiz a relatar os fatos criminosos ocorridos durante o tempo em que os engaiolados agiam com o poder do Estado nas mãos. Lavagem de dinheiro, desvios bilionários dos cofres públicos, venda de sentenças judiciais, parcerias com milícias, máfias e terroristas, inúmeros assassinatos calculados e executados. A lista dos fatos, atribuídos pelo advogado do povo na denúncia contra os engaiolados, era enorme e durou horas apenas para ser lida.

Então, terminada a leitura da acusação, teve a palavra o advogado que representava todos os réus, e que passou a ser chamado pelo povo como 'advogado dos diabos':

"*Vejam Excelências! Com todo o respeito e acatamento, mas os senhores que julgam meus clientes são os vencedores de uma guerra, oposição por natureza em relação aos vencidos e, portanto, já possuem uma posição formada, já possuem uma pré-sentença na cabeça. Podem os vencedores julgar de modo justo os vencidos?! Mesmo assim, em clara desvantagem, demonstrarei que meus clientes merecem ser inocentados*"

*
* *

Sabedoria em latim

§1.

Alea jacta est!

A sorte está lançada! Nunca saberemos o segundo seguinte. Acreditamos, por costume, que saberemos o segundo seguinte. Mas quem disse que seu coração não pode parar no próximo instante? Acordamos de manhã sem saber se iremos dormir. E tudo bem, pois isto é a vida. A constante imprevisão. Sorte? Destino? Ou apenas a impossibilidade de verificar uma cadeia de causalidades múltiplas até uma causa primeira que se causa a si mesma? Você é livre ou seu destino já está traçado? *Alea jact est!* A sorte está lançada! Maquiavel diria para lembrar que a manutenção do poder depende de fortuna (destino, sorte) e *virtú*, conquistada pelo engenho humano. Adéqüe-se aos tempos, seja flexível. Compreenda o momento. Darwin também vai te lembrar: adapte-se e continuará. *Alea jact est!* A sorte está lançada! Até que ponto nós, humanos, somos capazes de "fazer a própria sorte"?

Amor fati.

Ame o destino. O destino, este incontrolável, soberano, desconhecido, temido e adorado, ah, o destino. Se não é possível mudar, de que adianta se esforçar? Mas como saber o que podemos mudar? Jamais serei um astro do rock. Cabelos? Ainda não tem tratamento para a calvície como esta? Uma peruca? Jamais. Então, careca como resultado do *amor fati*. Quão pequena questão e estamos a envolver o destino nesta. Aceitação para o que não se pode mudar, seja para pequenas ou grandes coisas, de sujeitos que somos que nem poeira estelar chegamos a ser perante o Cosmo, o Universo do qual fazemos parte. Um desejo, de um sujeito, de uma espécie, de um planeta, de um sistema estelar...Aproveite o que a vida te deu para fazer o que de melhor conseguir com o que tem. Extraia o máximo de sua potencialidade. Não lamente, ame-se e se supere. Nietzsche entende do que estou a dizer; aliás, ele é o grande mestre do *Amor fati*. Ame o destino.

A priori.

Antes da experiência. O que existe antes da experiência? Para o sujeito existe algo antes da experiência? A frase, usada retoricamente, pode expressar: "antes que você me diga qualquer justificativa, já o condeno *a priori*, pois suas travessuras são sabidas notoriamente". Kant irá dizer que possuímos estruturas inerentes que nos permitem ter experiências, sendo condições de possibilidade para conhecermos e agirmos; tais estruturas são prévias às experiências e dão os próprios limites de nosso experienciar. Drummond irá dizer: mas Kant, "existe o mundo apenas pelo olhar que o cria e lhe confere espacialidade?"; ao que Kant responderia: existe o em-si, mas não podemos conhecê-lo.

A posteriori.

Depois da experiência. Há quem diga que só depois de experienciar é que de fato podemos fazer um julgamento mais próximo da realidade. Mas também é comum que cometamos os mesmos erros, o que demonstra que nem sempre a experiência educa. No extremo, tudo que podemos falar sobre nós e o mundo é acerca daquilo que experienciamos. Hume diria que achamos que o sol irá nascer amanhã por uma questão de que experienciamos isto várias vezes, nos acostumamos ao sol nascer todas as manhãs, mas não há evidência de que isto acontecerá. Até o princípio de causalidade pode ser relativizado para o costume. Nos acostumamos a ver o efeito que se segue de uma causa, e nada mais. É um costume que nos traz a impressão de causalidade.

Carpe diem.

Aproveite o dia. De fato, você não sabe se estará vivo quando terminar de ler estas palavras. Você acha que vai estar, caso isto tenha se tornado uma questão para você. Você se acostumou a viver, simples assim. É estranho pensar em estar morto. Mas a realidade é que você pode estar, e nada vai garantir que um avião caia agora na sua cabeça. Maior que a probabilidade é a possibilidade. Pois bem, não sabemos se e quando vamos morrer. Então, aproveite o dia. Aproveite o momento. Deleite-se com o instante. Isto seria tão mais fácil de você, leitor, entender, compreender e sentir se estive com uma doença terminal recém descoberta; ou se você tivesse escapado por um milésimo da morte à espreita na viga de concreto que caiu ao seu lado enquanto andava na rua...Ora, se a situação é esta, de total imprevisão quanto à existência no minuto seguinte, então o melhor a se fazer é curtir o dia. *Carpe diem.* Aproveite o dia.

Cogito ergo sum.

Penso logo existo. Frase de Descartes para expressar que o ato de pensar, e a minha ciência sobre o ato de pensar, é o ponto inicial de certeza acerca da minha existência. Mesmo que, hipoteticamente, tivesse um gênio maligno capaz de me enganar em tudo, só o simples fato de pensar sobre esta possibilidade, independente dela se verificar ou não, ao menos uma certeza se pode ter, a de que se existe, encontrando-se, neste sentido, um ponto seguro, certo, do qual não se pode duvidar. Enquanto penso, sou[6].

Data maxima venia.

Data venia. Venia. Com a máxima licença. Com a vossa licença. Licença. E neste mundo feito de contrários, de divisões, de polaridades, o discurso polido funciona? Seja para quem for, em qual situação for...parece mais razoável que haja cooperação quando se é educado ou quando se age rudimente com a pessoa que precisamos convencer? Ser polido é uma ótima arma retórica. Desarma e ataca.

Pacta sunt servanda.

Os pactos devem ser respeitados. A palavra dada, o contrato assinado, o negócio aperfeiçoado, concretizado. A confiança. A necessidade de escrever os contratos. "Você tem palavra?", perguntou um dos vizinhos, questionando sobre o acordo verbal que tinham feito sobre a cerca. Ao que respondeu o outro vizinho: "Você tem como provar que combinamos isto?"

Primus inter pares.

O primeiro entre os pares, entre os iguais. É o princípio do líder, o qual mantém sua identificação com os liderados, reconhecendo, e sendo por estes reconhecidos, como igual. É a paridade, a igualdade, entre todos, seja líder, ou liderados. Mas seria mesmo a diferença do lider apenas a de posição, e não a de qualidade? O que torna o lider o escolhido?

Quid est...? Quid est veritas?

O que é...? O que é a verdade? Pergunta fundamental do filosofar.

Rebus sic stantibus.

Restando assim as coisas. O princípio de que os pactos devem ser respeitados pode ser relativizado pela idéia de que os contratos são feitos em determinadas situações, as quais, se alterarem-se profundamente durante a execução do contratado, inviabilizando a execução do objeto, podem ser causa para o rompimento, ou ajustamento, das cláusulas e condições.

Status quo.

No estado das coisas. Lembrando Heráclito, a única permanência é a mudança. Seria, então, o *status quo* uma ilusão? Uma invenção a serviço da manutenção das coisas como estão, do costume? Passado x Futuro? Apenas o presente é o existente?

Suum cuique tribuere.

Dar a cada um o que é seu. Mas quem decide o que é o meu e o que é o seu? O soberano. Então a justiça seria dar a cada um o que é seu conforme o entendimento de quem tem o poder de decidir o litígio? Ou é possível encontrar uma mediania, uma equidade, capaz de fazer a justa distribuição do que é de cada um a qual está além da particularidade de entendimento do julgador? O justo é parcial ou universal?

24.02.2020, 28.02.2020

*
* *

Direito: quid est?

I.

§1. O Direito pode ser considerado como uma depuração das emoções da sociedade? Dos sentimentos de uma coletividade?

§2. A forma jurídica se amolda à vontade política? É o Direito um instrumento do Poder?

§3. O Direito é norma, regramento, oriundo tanto de costumes quanto de leis escritas, positivadas?

§4. O Direito Natural, pré-suposto, universal, é uma ilusão?

§5. O Direito abarca as leis, justas e injustas?

§6. O Direito abarca a equidade e a iniquidade?

§7. O Direito abarcou o canibalismo em sociedades onde o canibalismo fez parte da vida de um povo, como de índios que viveram na costa litorânea do Brasil séculos atrás?

§8. O Direito sem a força tem eficácia?

§9. Existe Direito sem Estado?

§10. Um professor de Direito chamado Silas fazia seus alunos repetirem: "Direito é construção cultural, e é a disciplina normativa heterônoma, da vida exterior e relacional dos homens, bilateral e imperativo atributiva, dotada de validade, eficácia e coercibilidade, que tende à realização da segurança, equilíbrio e bem comum, em uma sociedade organizada, pela tradução e aplicação do valor eterno: justiça!". A justiça é um valor eterno? Ou a justiça é relativa, sendo apenas aquilo que se acostumou que se fazia bem para um ou alguns, e posteriormente se projetou para o todo, a partir de uma raciocínio indutivo? O meu bem comum é igual ao seu bem comum?

§11. O Direito é necessariamente humanista? O meio ambiente só é defendido por causa dos humanos?

§12. O Direito pode ser auto-consciência?

§13. Para fazer justiça é preciso ter força?

§14. As palavras podem ser mais fortes que bombas atômicas?

§15. O Direito é Arte? Arte com palavras?

§16. Palavras precisam de Lógica?

§17. O Direito é Ciência? As leis são experimentadas e testadas?

§18. Direito é Dialética?

27.01.2020

*
* *

II.

§19. O ideal do Direito é o fim do Direito, pois:

(i) a sanção é o fundamento de qualquer norma;

(ii) pois só se aplica uma norma quando há uma infração ou para se evitar infrações;

(iii) quando o ser humano não infringir, ou seja, agir sempre corretamente, o Direito não será necessário pois, além de não existir mais danos, também não existirá a possibilidade de não existir mais dano;

(iv) o ser humano seria perfeito, e não haveria Estado;

(v) mas o homem não é perfeito, nem nunca será;

(vi) sua natureza é imperfeita, ele sempre erra, pois sempre se engana, pois sempre é seduzido pela sua ambição;

(vii) o Direito nunca chegará ao fim, mas o dever ser que carrega em seu bojo é a perfeição do ser humano pela correta razão.

§20.   O Direito nunca chegará a seu fim. Um ideal nunca pode ser alcançado, ele é apenas um norte.

2007

*
* *

O reconhecimento, pelo sistema jurídico interno dos Estados, de normas de Direitos Humanos positivadas em âmbito internacional

§1. A aceitação ou não de tratados internacionais pelo ordenamento interno do Estado depende, antes de tudo, da perspectiva pela qual os intérpretes e aplicadores das normas compreendem a convivência, em um espaço comum, do sistema jurídico interno e do sistema internacional.

§2. *Ética Universal*. Este monismo jurídico advém da concepção de unidade da conduta considerada como a que ao mesmo tempo é a mais eficiente no sentido de desenvolvimento técnico-material e mais justa do ponto de vista do consenso tácito da maioria dos homens. A unidade é a ética universal, que possui como conseqüência a possibilidade de reconhecimento imediato, pelo sistema jurídico interno, de normas internacionais acerca de Direitos Humanos.

§3. *Ética Universal. Perspectiva Jurídica-Idealista*. E tal ética só é possível porque o bem jurídico protegido consiste na própria humanidade, que é algo que todos nós portamos enquanto partes constitutivas deste todo. Por isto, considera-se, primariamente, o atentado contra todos os indivíduos ao mesmo tempo, para, só então, caracterizar-se o atentado contra o indivíduo que sofreu a ação.

§4. *Ética Universal. Perspectiva Psicológica-Histórica.* Além disso, tal ética universal possui origem em um passado coletivo rememorado que engendra as ações presentes a partir da constituição que faz do inconsciente e consciente coletivos, algo que qualquer ser humano possui, tem acesso, reflete criticamente e modifica, nesta exata seqüência de acontecimentos.

§5. *Perspectiva Econômica.* A comunicação crescente entre os membros da sociedade global permitiu a construção do reconhecimento de que há condições mínimas para se viver tendo em vista as tecnologias existentes, que são, juntamente com o trabalho humano, a fonte de produtos e serviços aos quais são atribuídos valor de troca.

2007

§6. *Perspectiva Evolucionista.* Qual será a nova perspectiva de trabalho para seres humanos diante da automação em massa de tarefas repetitivas? Os humanos de hoje se preocupam, ou deveriam se preocupar, com os humanos de amanhã no que concerne ao tratamento que damos ao Meio Ambiente, ao Planeta em que habitamos? Estamos fadados a desaparecer? O que diria Darwin sobre isto? Podemos dizer que nos adaptamos ao planeta Terra? E as armas atômicas, biológicas, cibernéticas? Podem estas armas serem a causa de nossa extinção, voluntariamente feita por alguns de nossa espécie? É seguro deixar tamanhos poderes bélicos nas mãos de tão poucos?

25.01.2020

*
* *

As conexões entre Capitalismo, consumo de massa e Regime Totalitário

§1.   Georg Lukács, um filósofo húngaro que viveu no século passado, construiu uma teoria sobre capitalismo que é essencial para entender algumas razões do regime totalitário e as conexões deste regime com o fenômeno contemporâneo de consumo de massa. De acordo com parte de seu trabalho, que utilizou as relações de consumo como seu objeto de estudo, os seres humanos tornaram-se um número e, por este processo, perderam suas singularidades.

§2.   Este processo aconteceria pela natureza do Capitalismo, que transforma tudo em valores monetários e, consequentemente, transforma a singularidade em particularidade.

§3.   Kant, filósofo do Esclarecimento do século XVIII, ensinou-nos que a particularidade é o oposto da universalidade e que a singularidade é a síntese destas duas esferas. Por exemplo, você, que está lendo este texto, é um ser humano como todas as outras pessoas e, ao mesmo tempo, você é uma pessoa particular que é uma parte constitutiva do todo chamado espécie humana.

§4.   A singularidade é, precisamente, a união entre esta oposição (particularidade-universalidade) e é também a esfera que é responsável por fazer alguém diferente de toda e qualquer outra pessoa. Quando nos tornamos um número, perdemos a identidade que nos foi dada pela esfera da singularidade.

§5. Do ponto de vista político de Hannah Arendt, uma filósofa do século XX, o maior problema da perda de identidade é o fato que, nesta situação, a pessoa pode ser substituída por outra pessoa, considerando, também, que a substituição pode ser feita por assassinato, como aconteceu na Segunda Guerra Mundial, quando milhões de seres humanos tornaram-se substituíveis como dinheiro e coisas trocadas nas relações de consumo de massa. Descartabilidade é o mesmo que a perda de toda e qualquer qualidade.

§6. É possível que o poder tenha uma relação próxima com o processo de quantificação. Em última instância, um prisioneiro recebe um número que substitui o nome dele ou dela objetivando um melhor controle estatal. A perda da personalidade implica na negação do eu, e, consequentemente, na redução do poder. Enfraquecido, o prisioneiro pode se tornar mais obediente.

§7. Por este mecanismo de destruição, é possível dizer que o maior problema no sistema prisional é que a singularidade do ser humano é destruída quando ocorre a substituição de seu nome por um número. E, em um regime totalitário, qualquer um é um prisioneiro neste sentido. Mas Arendt vai além e diz que em um regime totalitário, tal como o Nazismo da Segunda Guerra Mundial, a pessoa oprimida está em uma situação pior que a de um prisioneiro.

§8.   A razão deste *status* é que até mesmo um prisioneiro possui alguns direitos básicos.

§9.   Uma pessoa que perdeu toda e qualquer qualidade por causa da perda dos direitos civis, tal como os judeus no Governo de Hitler, não possui nem uma mínima proteção. Estas pessoas não podem ser ouvidas como um prisioneiro pode, se levarmos em consideração o fato que um prisioneiro pode reclamar algo por meio da lei.

§10.   O ponto fundamental destas visões filosóficas é que a organização econômica normal, e, consequentemente, o normal estilo de vida consumista, pode ser a origem de uma possível chegada de um regime totalitário no poder.

*
* *

Comunismo existe?
Socialismo e Totalitarismo

§1.　　　E se existisse um sistema assim: valor da hora igual para todos, remuneração proporcional ao quanto se trabalha. Comunismo?

§2.　　　Se isto é um exemplo de igual consideração com todos, já que o tempo de cada um é único, é tempo de vida; se isto é um exemplo de igualdade social que se volta apenas para os aspecto de humanidade, deixando de lado a diversidade das pessoas em todos os outros aspectos; se comunismo envolve idéias como estas, então é fácil verificar que nunca o tivemos, e provavelmente não o teremos. Talvez o Comunismo seja uma ilusão tal qual Deus?

§3.　　　Na Rússia que se tornava o centro da União das Repúblicas Socialistas Soviéticas (URSS), via-se fome e trabalhos forçados para quem era contra o regime de governo instaurado. Não se podia ir contra Lenin, Trotsky e Stalin, este, por alguns acusado de matar os dois primeiros, assim como também foi atribuído a Lenin o assassinato da família do último Czar.

§4.　　　A Rússia de Stalin orquestrou mortes em massa assim como o fez Hitler; na URSS era comum os Gulags, campos de trabalho forçado, para onde muitos dos opositores eram enviados. Este estado dito Socialista está muito longe ainda do ideal do Comunismo.

§5. Certo mesmo estava Bakunin, que compreendia a realidade do poder. Não era questão de ser o Imperador Nicalou II, cujo poder vinha de Deus segundo ele; ou questão de ser Stalin no poder; ou questão de ser um trabalhador vindo do povo; mesmo que fosse um trabalhador vindo do povo, este, quando chega no poder, corrompe-se.

§6. De modo que o Estado ser governado pelo que se acostumou a denominar de direita ou de esquerda é indiferente para fins da possibilidade de totalização do ente estatal. As ditaduras, os totalitarismos, existem tanto em regimes ditos de direita quanto de esquerda. Portanto, a questão central é de extremismo; é de detectar os sinais iniciais de quando se torna impossível contestar o sistema e o regime da situação, sem que se sofram sérias consequências, como perseguição, exílio e morte?

§7. A URSS esteve no mesmo patamar do que a Alemanha de Hitler no que se refere ao desrespeito dos direitos humanos. E se formos prestar atenção, não existiu Polis, Império, Estado ou Poder *latu sensu* que não tenha sido atroz com os direitos humanos. A Santíssima Inquisição torturou milhares. Os Romanos empalavam pessoas ao longo do caminho. Portanto, também não se trata de época. Trata-se, então, de condição? É da condição humana momentos de violência coletiva desenfreada?

26.01.2020

§8.   *Césares e Czares*

I.

Deus o último Czar havia enviado,
A religião o Estado controlava,
Rasputin o sexo introduzia,
O povo, passando fome, indignado se fazia;

II.

Os Monarcas e Imperadores eram absolutistas,
O último enviado, de Deus se considerava.
O escolhido, o herdeiro, o Povo, a massa,
Como o Povo era tratado?

III.

Uma Rússia morria para a União nascer,
Em 1.918, um Bolchevique falou:
"Estão condenados à morte! Pá...pá, pá, pá, pá, pá, pá, pá, pá, pá, pá";
A família imperial foi brutalmente assassinada!

IV.

E no novo Poder que se erguia, religião não mais haveria...
Mais uma revolução.
Assim, o monge camponês que na Corte se instalou, o Império derrubou;
O monge, que pecava para mais perto de Deus estar, fez a religião com o Czar acabar;
E para o Estado continuar, o Governo teve que mudar, agora eram sem religião.
A data?
1.917
Quem perdia?
Os Romanov, uma família.
Quem aparecia?
O Povo que não era; veio Lenin, depois Stalin...e o Poder, como seguia?
Sempre com a morte de braços dados.

V.

Dê a César o que é de César,
Ave Caesar, morituri te salutant,
Ave César, os que vão te morrer te saúdam.

VI.

Rússia, URSS, Rússia, um Leviatã em constante transformação.

VII.

Mas e o Povo?
E a massa?
Apenas manobrada, seja por quem for?

29.12.2019

*
* *

Guerra

§1.	Uma guerra faz com que a soberania interna seja fortalecida? Os cidadãos se unem contra um inimigo externo?

§2.	A economia melhora na guerra? Depende de que lado se está? Na guerra tudo sobe de preço. Por quê?

§3.	Também existe guerra para tomar o poder internamente? Desestabilizar o inimigo internamente pode ser um modo de ataque de um Estado sobre o outro em uma guerra internacional?

§4.	Em uma guerra para a tomada do poder de governo do Estado, assim como em uma guerra contra inimigo externo, são elementos importantes o combate de informações, a inteligência de desinformação, a fake news do inimigo? Demonizando o ceticismo de Heráclito nas escolas, faremos futuros cidadãos mais obedientes aos idealismos cegos, como os alemães da época do Nazismo?

§5.	Se encararmos toda competição enquanto guerra (tal qual os esportes e os negócios), e se encararmos toda eleição como uma competição em uma Democracia Representativa, poderíamos dizer que tudo vale? Ou tudo que influencia no resultado das eleições de modo ante-jurídico pode vir a ser causa de impeachment?

§6. Existe Direito na Guerra? Existem normas em uma guerra para além do princípio do extermínio do inimigo?

§7. A Guerra é uma questão exclusiva de Poder?

27.01.2020

*
* *

Direito Revolucionário Limítrofe
(ou Elementos Essenciais da Política)

§1. Matar um ditador pode ser considerado legítima defesa do povo, havendo excludente de ilicitude em tal ato?

§2. Se o medo da morte é o maior, então, seria também o maior o poder de matar?

§3. Quem mata mais: um homem com o Estado em suas mãos, ou um homem com um revólver?

§4. Um ditador precisa ter medo?

§5. De quantos homens é feito um Estado e de quantos homens é feito o povo?

§6. O homem que comanda o Estado é diferente do homem que é comandado?

§7. O povo comanda ou é comandado?

23.06.2015

*
* *

Meta-entendimento

§1. Se encontramos no Estado, no modo de agir deste, uma semelhança conosco (um Psiquismo do Estado, em que verificamos as mesmas estruturas que Freud verificou em nós, humanos)[7]; então, verificamos que o Estado possui vida. E como toda vida, possui sua atividade em se manter na existência, com vontade de poder para tanto.

§2. Poderíamos, assim, comparar também o Estado com outro ser vivo, deste extraindo funções e divisões que, por livre associação, entendemos mais semelhantes.

§3. Por exemplo, o imaginário popular no Brasil, cultivado pelo Estado tributador, aproxima o Estado da figura do Leão, o rei da selva, que ninguém vence.

§4. Mas vamos mudar o objeto de estudo do Estado para a Constituição Federal. Esta poderia ser compara a uma árvore. Na raiz, estariam os princípios, direitos e garantias fundamentais (no caso dos fundamentos: *"a soberania; a cidadania; a dignidade da pessoa humana; os valores sociais do trabalho e da livre iniciativa (Vide Lei nº 13.874, de 2019); V - o pluralismo político"*. Os nutrientes e o sol seriam o poder coletivo (*"Todo o poder emana do povo, que o exerce por meio de representantes eleitos ou diretamente, nos termos desta Constituição"*). O tronco seria o Estado, e as ramificações guardariam disposições normativas sobre o Direito Processual, Administrativo, Civil e Comercial, Trabalhista, Penal. É uma espécie de visão orgânica do Direito, que se utiliza de analogia, semelhança, indução, dedução, dialética, para descrever ordem, associações, sistemas, fluxos. Compreender o que há de igual no diferente é onde está o conhecimento das engrenagens. A partir da figura da Árvore, podemos trabalhar com um Holismo semântico - a parte imprime sentido no todo; a partir disto, fazemos a verificação da importância qualitativa das partes, sendo a ausência o determinante. Ex.: o que é uma árvore sem raiz?; o que é uma árvore sem tronco?; o que é uma árvore sem folhas? O que é uma Constituição sem poder que emana do povo? O que é uma Constituição sem um Estado? É melhor uma Constituição com muitas ou poucas ramificações das áreas do Direito?

§5. Também podem ser exemplos alternativos, a comparação da estrutura jurídica de um Estado com uma obra de engenharia, como um prédio, em que se falaria de vigas, andares, alicerces, etc. como figuras para aprendizado.

§6. Estas comparações com o psiquismo freudiano, com uma árvore, com um prédio, demonstram como o Estado e o Direito podem ser vistos à semelhança de algo orgânico e vivo, ou de algo como um prédio (o qual, inclusive, podemos entender como que sendo uma expressão da Natureza realizada por meio do ser humano). O Estado humano, a Constituição árvore, a Engenharia do Sistema Jurídico. Tudo isto nos revela que compreendemos por associações; e estas associações nos revelam algo que está para além das técnicas e seus recortes – aqui reside o entendimento sobre algo, diria um idealista com resquícios da teoria platônica das formas. Talvez aí resida a Lógica, diriam outros; ao que os panteístas completariam: "é a marca de Deus, que em tudo está"; enquanto cientistas e juristas diriam que se trata de lei universal e natural.

2007, 28.01.2020

*
* *

A pirâmide da justiça

§1.
Política = Ética + Direito?
Ética = Direito + Política?
Direito = Ética + Política?

§2.
Singular = (Universal) + (Particular) ?
Síntese = (Leis Retóricas, Ciência Política, Direito Natural) + (Retórica do Presidente, Política Brasileira, Direito Brasileiro)?

§3.

DIREITO
(externalidade)
(Lei, Poder)
(Absoluto, Relativo)
(Lei Natural, Lei Civil)

justiça
(proporção, equilíbrio, equidade)

MORAL, ÉTICA
(internalidade)
(Dever, Liberdade)
(Vontade humana, Vontade estatal)
(Absoluto, Relativo)
(Lei Moral, Prudência)

POLÍTICA
(externalidade)
(Poder, Liberdade)
(Vontade estatal, Vontade-cidadão)
(Absoluto, Relativo)
(Soberania, Decisão Soberana)
(Revolução, Revolucionários)

entre 2007 e 2010, 2020

The End of Human Being: a travel for the future

§1. There is no way back. Here we are. The data is at service for the State in the Leviathan act of profiling citizens, and eliminate oppositions at the end of the process. Or do you believe in good faith?

§2. So here we are. And there is no way back in the evolution of the human specie aiming to its end in the Cosmo time; there is no way back after nuclear, biological, geological and cybernetic weapons. Weapons of mass destruction of all kinds.

§3. Until we go away, let me talk about a specific future time of our History. So the global power was on the hand of a single person, that already did acts worst than Stalin and Hitler together; and this sovereign human being grew up; and despite his terrorists acts, he was a person worried with the health of the body; as this person was like a God, no one even knew his face. Even that, for those whom was not against the system, the World's Sovereign changed the nutrition for better. First, each tax ID was connected with supermarkets, bakeries, restaurants and commerces in general for tax purpose. Then was realized that knowing each product in the person's breakfast, lunch and dinner, it was possible shape the Economy for the improvement of an obsessed health of the body. After, was developed the food in pills. Prohibited cook at home or restaurants. The human body, taking the food in pills, conquered 200 years old. By the end, the body was transformed in bits and bytes; the Earth was exploded; and the humans, which abandoned the body, and the Earth, yet lived for 10.000 years in wandering spaceships. Coming back in the first moment before the explosion of the last spaceship, and the extinction of the Humanity, that this travel was imagined.

§4. Now come back to me and pay attention: it is time of revolution. Go fight!

12.01.2020

*
* *

1 **Autor:** Rafael De Conti (Rafael Augusto De Conti) é Filósofo, Advogado e Escritor. Além de escrever sobre Ética, Filosofia Política, Filosofia do Direito, Política no Brasil, também atua na área jurídica como Advogado. Com uma escrita que varia da dissertação aos diálogos, contos e poesia, recebeu influências, dentre outros, de Heráclito, Platão, Aristóteles, Maquiavel, Hobbes, Hume, Voltaire, Kant, Hegel, Nietzsche, Schopenhauer, Freud, Osho, Krishnamurti, Laozi. Também recebeu influências de todas as pessoas que com ele conviveram: amigas, inimigas, familiares, desconhecidos, crianças, velhos, homens, mulheres, animais, professores, ministros e mendigos, advogados. Site: rafaeldeconti.com
2 **Publisher/Editora:** copyright da Pessoa Jurídica, inscrita no CNPJ/ME sob o nº 12.589.085/0001-74, sem exclusividade; marca registrada "PEDIdeias"; Prefixo Editorial ISBN Autor-Editor 85-911683, com edição feita previamente à cessão de direitos para a referida Pessoa Jurídica.
3 **Capa e Imagens:** capa elaborada pelo Autor
Banco de imagens do autor do livro: páginas 1, 2, 4, 173, capa
4 **Gráfica e Impressão**: Printed in USA; Amazon
5 **Comércio:** business.art.br/books
6 Vide Discurso do Método. Partes I-IV.
7 Vide texto "Perspectiva Psicanalítica da Gênese do Estado Soberano: apropriando-se de Freud", do livro Filosofia 2, 3ª Ed.

www.ingramcontent.com/pod-product-compliance
Lightning Source LLC
Chambersburg PA
CBHW020449220526
45464CB00002B/925